Einladung zum Selberlesen

Liebe Eltern,

Sie haben Ihrem Kind Bücher vorgelesen? Sehr gut.
Sie werden dies auch weiterhin tun? Um so besser.
Aber wenn Ihr Kind einmal hinter das Geheimnis der
Buchstaben gekommen ist, will es auch selber lesen.
Es möchte erleben, wie beim Lesen eine spannende,
lustige oder traurige Geschichte in ihm entsteht. Das
ist gar nicht so einfach. Es dauert lange, bis ein Kind
gut und gern liest.

Was es am Anfang braucht?
Ein ganzes Buch, das zum Lesen verlockt.
Ein Buch, das es beim Lesen nicht überfordert.
Ein Buch
* mit kurzen Geschichten
* mit einer genügend großen Schrift
* mit kurzen, überschaubaren Zeilen
* in einer verständlichen Sprache
* mit Bildern, die helfen den Sinn zu erfassen.

Bücher, die diesen Anforderungen gerecht werden,
fördern das Abenteuer Lesen und machen Lust
aufs nächste Buch.

Prof. Dr. Manfred Wespel,
lesedidaktischer Berater des
KÄNGURU-Programms

Otti Pfeiffer

Kleine Adventsgeschichten

Mit Bildern von Petra Probst

arsEdition

Die Deutsche Bibliothek – CIP-Einheitsaufnahme

Kleine Adventsgeschichten / Otti Pfeiffer. Mit Bildern von
Petra Probst. - 1. Aufl. - München : Ars-Ed., 1997
  (Känguru : Erste Geschichten zum Selberlesen)
  ISBN 3-7607-3750-1 Pp.

Didaktische Beratung: Prof. Dr. Manfred Wespel
Nach den Regeln der neuen Rechtschreibung

Gedruckt auf umweltfreundlichem Papier ohne Chlorbleiche

© 1997 by arsEdition, München
Alle Rechte vorbehalten
Ausstattung und Herstellung: arsEdition, München
Titelbild und Innenillustrationen: Petra Probst
Titelvignette: Carola Holland
Einbandgestaltung: Ralph Bittner
Printed in Germany
ISBN 3-7607-3750-1

Inhalt

Geheime Wünsche

Daniel wünscht sich
zu Weihnachten:
ein Fahrrad,
eine Mütze mit Schirm,
eine neue Lokomotive
für seine Eisenbahn
und ein spannendes Buch.

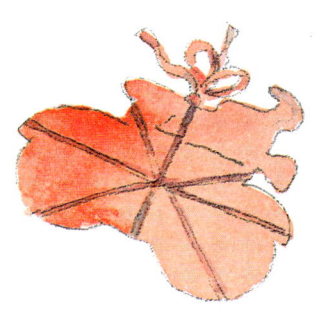 

Diese Wünsche
hat Daniel schon auf
seinen Wunschzettel
geschrieben.

An den
Weihnachtsmann

Aber er hat
noch einen Wunsch,
einen ganz geheimen.
Er möchte so stark sein
wie Lars Meier.

Lars ärgert immer alle.
Aber niemand wehrt sich,
weil Lars so stark ist.

Wenn Daniel nur
mehr Muskeln hätte!
Dann würde er
Lars schon zeigen,
dass er nicht immer
alle ärgern darf.

Daniel fragt seinen Papa:
„Wie kann ich
so stark werden wie du?"

Papa antwortet:
„Sport treiben,
Milch trinken,
jeden Tag Gewichte stemmen!"

Daniel fängt sofort an.
Er macht Liegestütze.

Er stemmt seine Rollschuhe
in die Luft.
Und er trinkt jetzt immer
seine Milch aus.

Am nächsten Montag
kommt Lars Meier
mit einem Gipsarm
in die Schule.

Er ist beim Rodeln
gestürzt.
Er hat sich
den Arm gebrochen.

Auf einmal ist Lars
gar nicht mehr so gemein.
Jetzt ist er
auch nicht stärker
als die anderen Kinder.
Im Gegenteil.

Alle müssen ihm
jetzt helfen,
sagt die Lehrerin.

Einmal trägt Daniel
sogar die Schultasche
für Lars nach Hause.
Und dann spielen sie
noch zusammen.

Aber Daniel
will immer noch
so stark werden
wie Lars.

Deshalb übt er
trotzdem
jeden Tag.

15

Die Advents-Katze

Es ist dunkel und kalt.
Eine kleine schwarze Katze
tappt durch den Schnee.
Sie friert.
Sie hat sich verlaufen.

16

Paula bringt gerade
den Müll nach draußen.

„Miau! Miau!",
schreit die kleine Katze,
als sie Paula sieht.

„Mama, eine kleine Katze!
Sie will zu uns ins Haus!",
ruft Paula.
Sie nimmt die kleine Katze
auf den Arm.
Die kleine Katze schnurrt.

„Sie hat Hunger",
sagt Paula.
„Komm her, Mohrle",
sagt Mama.
Sie stellt der kleinen Katze
einen Teller mit Milch hin.
Mohrle schleckt alles auf.

18

„In zwei Wochen
ist doch Weihnachten.
Ich möchte Mohrle behalten.
Sonst wünsche ich mir nichts",
sagt Paula.
„Hm",
macht Mama.

Am nächsten Tag
steht eine Anzeige
in der Zeitung:

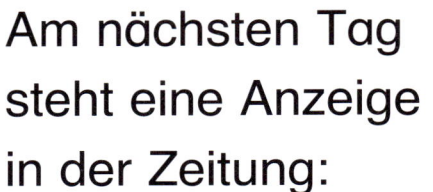

Junge Schwarze Katze entlaufen.
Bitte melden.
Telefon: 7 87 87

Mama ruft dort an.
Dann sagt sie zu Paula:
„Tut mir Leid, Paula.
Du kannst Mohrle
nicht behalten.
Sie gehört Tina Berg.
Tina will sie gleich holen."

Tina kommt und
freut sich sehr.
Sie hat ihre Minka wieder.

Paula ist traurig.
Sie hat ihr Mohrle
wieder verloren.

„Komm Minka und mich
doch mal besuchen",
schlägt Tina vor.
„Dann hast du
eine neue Freundin
und eine kleine Katze."

Das ist eine gute Idee,
findet Paula.
Und vielleicht bekommt sie
zu Weihnachten doch
eine eigene kleine Katze?

Eine Überraschung für Mama

Wendi und Uwe wollen
ein Geschenk für Mama basteln.
Aber was?

„Eine Überraschung",
sagt Wendi.
„Na klar,
aber was für eine?",
fragt Uwe.

„Wir machen einen Kalender",
schlägt Wendi vor.
Uwe findet die Idee gut.

Er will sechs Bilder malen.
Wendi auch.
Dann haben sie zwölf Bilder.
Für jeden Monat ein Blatt.

Mama darf nicht mehr
ins Kinderzimmer kommen.
Hier wird
für Weihnachten gebastelt.

„Mama, du kriegst
ein ganz tolles Geschenk
zu Weihnachten",
sagt Uwe.
„Verrat bloß nichts!",
warnt Wendi.
„Pah! Männer können schweigen!",
sagt Uwe.

Uwe und Mama
gehen einkaufen.
In einem Kaufhaus
entdeckt Mama
schöne Kalender.
Sie sucht sich einen aus.

„Wie gefällt dir
der hier, Uwe?",
fragt sie.

„Kauf bloß keinen Kalender!
Wir wollen dir doch ..."
Beinahe hätte er
alles verraten!
Hat Mama etwas gemerkt?
Schnell sagt Uwe:
„Die Kalender hier sind doof!"
Dann zieht er Mama weiter.

Wendi darf er das
gar nicht erzählen.
Die würde glatt
in die Luft gehen!

Ein Plätzchen für Waldi

Die ganze Wohnung duftet
nach Weihnachten.
In der Küche werden
Plätzchen gebacken.

Waldi springt
durch die Küche und bellt.
Er will auch mal
vom Teig naschen.

29

„Nicht, Waldi!
Geh weg!
Plätzchen backen
ist nichts für Hunde!",
sagt Silke.

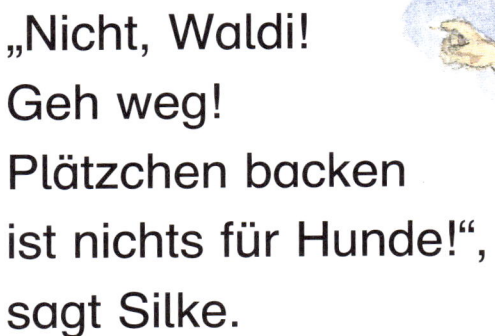

Aber das versteht Waldi nicht.
Er springt auf einen Stuhl
und schnappt sich
ein Stück Teig.

„He, lass das!",
ruft Thomas.

„Jetzt ist es aber genug!",
schimpft Papa.
Waldi muss aus der Küche.

Thomas rollt den Teig aus.
Silke sticht
die Plätzchen aus.
Erst die Sterne,
dann die Monde,
die Herzen und die Engel.

Bald ist nur noch
ein kleiner Rest
von dem Teig übrig.
„Daraus könnt ihr machen,
was ihr wollt",
sagt Papa.

Thomas knetet einen Nikolaus,
Silke einen Vogel.

„Dein Vogel ist ja
viel zu dick!",
spottet Thomas.
„Und dein Nikolaus
sieht aus wie
ein Osterhase",
sagt Silke beleidigt.

„Ich wette,
dass nicht mal Waldi
deinen Vogel fressen würde!",
sagt Thomas.

„Wenn ihr weiter backen wollt,
hört auf zu streiten!",
sagt Papa.

Silke streckt Thomas
die Zunge raus.
Thomas schneidet Silke
eine Grimasse.

Aber dann hören sie lieber auf.
Papa guckt schon
ganz böse.

Papa legt den Nikolaus
und den Vogel
auf ein Blech
und schiebt sie in den Ofen.

Silke und Thomas warten.
Endlich sind
die Plätzchen fertig.

„Jetzt müssen sie erst
zum Abkühlen in den Flur",
erklärt Papa.

Silke trägt den Teller,
auf dem ihr Vogel liegt.
Thomas trägt den Teller,
auf dem sein Nikolaus liegt.
Papa trägt den großen Teller
mit den anderen Plätzchen.

36

Als Silke
die Küchentür aufmacht,
springt Waldi an ihr hoch.

Sie lässt den Teller fallen.
Der Vogel fällt
vor Waldis Nase.
Waldi frisst ihn
sofort auf.

37

„Siehst du!
Mein Vogel
schmeckt Waldi doch!",
sagt Silke zu Thomas.

38

Wer kann Chinesisch?

Pit hat
eine kleine Schwester, Lilli.
Sie ist schon fast
zwei Jahre alt.

„Was wünschst du dir
zu Weihnachten, Lilli?",
fragt Pit.

39

Lilli überlegt.
Dann sagt sie:
„Dete Puppi-Hottehü!"

„Was?", fragt Pit.
Er hat
kein einziges Wort verstanden.
„Dete Puppi-Hottehü!",
sagt Lilli noch mal.

40

„Mama, verstehst du
Lillis Chinesisch?",
fragt Pit seine Mama.
„Was hat Lilli gesagt?"

„Aber das ist doch
ganz klar, Pit",
antwortet Mama.
„Lilli wünscht sich
eine Puppe
wie ihre Gretel
und ein Schaukelpferd."

„Stimmt das, Lilli?",
fragt Pit.
„Dete Puppi-Hottehü!",
sagt Lilli.
Sie klatscht in die Hände
und lacht.

„Wie gut, dass du
Chinesisch verstehst, Mama",
sagt Pit.
„Aber ich schreibe
meinen Wunschzettel
doch lieber auf Deutsch."

KÄNGURU Lesestufen-Modell

So macht Lesenlernen
richtig Spaß – mit Büchern, die auf
die unterschiedlichen
Lernphasen zugeschnitten sind:
5 Lernschritte, 5 Buch-Reihen.
»Kinder werden dann zu begeisterten
Lesern, wenn Buch und Lese-
entwicklung zusammenpassen.«

Prof. Dr. Manfred Wespel, lesedidaktischer
Berater des KÄNGURU-Programms

»Mit Comics lesen lernen«

2. Lesestufe
ab 6 Jahre

- jeweils eine kurze Geschichte für
  Leseanfänger
- mit frechen und witzigen
  Comic-Elementen
- leicht lesbare Fibelschrift

»Mit Bildern lesen lernen«

1. Lesestufe
ab 5 Jahre

- kurze lustige Geschichten
  mit einfachem Text
- Bilder ersetzen Namenwörter
- sehr große Fibelschrift
- fünf doppelseitige Suchbilder

»Kinderroman« und »Krini-Abenteuer«

**5. Lesestufe
ab 10 Jahre**
- jeweils ein längerer packender Roman für begeisterte »Leseprofis«
- eingestreute Schwarzweiß-Illustrationen

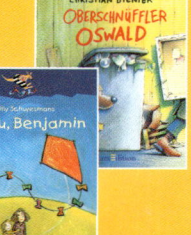

»Leseabenteuer in Farbe«

**4. Lesestufe
ab 8 Jahre**
- jeweils eine längere spannende Geschichte
- viele farbige Illustrationen
- große Schrift

»Erste Geschichten zum Selberlesen«

**3. Lesestufe
ab 7 Jahre**
- mehrere kurze Geschichten zu einem Thema
- klare Textgliederung als Lesehilfe
- große Fibelschrift
- viele farbige Illustrationen